This book belongs to

Hi!

This workbook was created with the goal to provide additional writing practice outside of the classroom. I hope this book will develop your student's reading and creative writing skills. The sentences are carefully chosen to match the reading levels of 1st and 2nd graders. The handwriting practice lines will help them to develop their writing skills. My goal is to help the students learn while having fun.

If you have any questions regarding the book, please feel to reach out to lineart.publishing@gmail.com

If you like the book, please leave a comment on Amazon.com. It makes a huge difference! Thank you!

Name : _____   Date : _____

┌─ Draw ───┐
│   │
│   │
│   │
│   │
│   │
│   │
│   │
│   │
│   │
│   │
│   │
└──┘

What if apples could talk?

_____
_____
_____
_____
_____
_____
_____
_____
_____
_____

Name : _____   Date : _____

┌─ Draw ─────────────────────────────────────┐
│   │
│   │
│   │
│   │
│   │
│   │
│   │
│   │
│   │
│   │
└───┘

Write about your favorite food.

_____

- -

_____

- -

_____

- -

_____

- -

_____

- -

_____

Name : _____   Date : _____

Draw

What would you do if you had magic powers?

_____
_____
_____
_____
_____
_____
_____
_____
_____
_____
_____

Name : _____   Date : _____

┌─ Draw ──┐
│   │
│   │
│   │
│   │
│   │
│   │
│   │
│   │
│   │
│   │
│   │
│   │
│   │
│   │
└──┘

Tell me about your backpack.

_____

_____

_____

_____

_____

_____

_____

_____

_____

_____

Name : _____ Date : _____

┌─ Draw ─────────────────────────────────────┐
│   │
│   │
│   │
│   │
│   │
│   │
│   │
│   │
│   │
│   │
│   │
└───┘

What if trees could move?

_____
_____
_____
_____
_____
_____
_____
_____
_____

Name : _____   Date : _____

Draw

What do you think about recess?

Name : _____   Date : _____

┌─ Draw ──┐
│   │
│   │
│   │
│   │
│   │
│   │
│   │
│   │
│   │
│   │
│   │
└──┘

What if you were a lion?

_____

_____

_____

_____

_____

_____

_____

_____

_____

Name : _____   Date : _____

Draw

What makes you feel happy?

_____
_____
_____
_____
_____
_____
_____
_____
_____

Name : _____   Date : _____

Draw

What if you had a flying carpet?

Name : _____   Date : _____

┌─ Draw ──────────────────────────────────────┐
│   │
│   │
│   │
│   │
│   │
│   │
│   │
│   │
│   │
│   │
│   │
└──┘

What is your favorite season?

_____

- -

_____

- -

_____

- -

_____

- -

_____

- -

_____

Name : _____   Date : _____

Draw

If you could meet a giant, what would you ask?

Name : _____   Date : _____

Draw

Write about your favorite person.

_____
- -
_____
- -
_____
- -
_____
- -
_____
- -
_____

Name : _____   Date : _____

┌─ Draw ──┐
│   │
│   │
│   │
│   │
│   │
│   │
│   │
│   │
│   │
│   │
└──┘

What would you do if someone was sad?

_____

_____

_____

_____

_____

_____

_____

_____

_____

Name : _____   Date : _____

┌─ Draw ──────────────────────────────────────┐
│   │
│   │
│   │
│   │
│   │
│   │
│   │
│   │
│   │
│   │
└──┘

What happens when you grow really tall?

_____

_____

_____

_____

_____

_____

_____

_____

_____

_____

_____

Name : _____   Date : _____

┌─ Draw ─────────────────────────────────┐
│   │
│   │
│   │
│   │
│   │
│   │
│   │
│   │
│   │
│   │
│   │
└──┘

Tell me about your favorite vegetable.

Name : _____   Date : _____

┌─ **Draw** ──────────────────────────────────┐
│   │
│   │
│   │
│   │
│   │
│   │
│   │
│   │
│   │
│   │
│   │
│   │
└──┘

Would you rather ride a horse or a giraffe?

_____

_____

_____

_____

_____

_____

_____

_____

_____

_____

Name : _____   Date : _____

┌─ Draw ───┐
│   │
│   │
│   │
│   │
│   │
│   │
│   │
│   │
│   │
│   │
│   │
└───┘

What is your favorite sport?

_____

_____

_____

_____

_____

_____

_____

_____

_____

Name : _____   Date : _____

┌─ Draw ──────────────────────────────────────┐
│   │
│   │
│   │
│   │
│   │
│   │
│   │
│   │
│   │
│   │
│   │
│   │
│   │
│   │
└──┘

Would you rather be an ant or an elephant?

Name : _____   Date : _____

┌─ Draw ──┐
│   │
│   │
│   │
│   │
│   │
│   │
│   │
│   │
│   │
│   │
│   │
│   │
└──┘

Write about a time when you were bored.

_____

_____

_____

_____

_____

_____

_____

_____

_____

Name : _____   Date : _____

Draw

What if you were the president?

_____

_____

_____

_____

_____

_____

_____

_____

_____

_____

Name : _____ Date : _____

┌─ Draw ─────────────────────────────────────┐
│   │
│   │
│   │
│   │
│   │
│   │
│   │
│   │
│   │
│   │
└──┘

Write about your last birthday.

_____
- -
_____
_____
- -
_____
_____
- -
_____
_____
- -

Name : _____   Date : _____

┌─ Draw ───┐
│   │
│   │
│   │
│   │
│   │
│   │
│   │
│   │
│   │
│   │
│   │
└──┘

What if you were a prince or princess?

_____

_____

_____

_____

_____

_____

_____

_____

_____

Name : _____   Date : _____

┌─ Draw ──┐
│   │
│   │
│   │
│   │
│   │
│   │
│   │
│   │
│   │
│   │
│   │
└──┘

Would you rather be a kid or an adult?

Name : _____   Date : _____

┌─ Draw ─────────────────────────────────┐
│   │
│   │
│   │
│   │
│   │
│   │
│   │
│   │
│   │
│   │
│   │
└───┘

What makes you feel sad?

_____

- -

_____

- -

_____

- -

_____

- -

_____

- -

_____

Name : _____   Date : _____

┌─ Draw ──┐
│   │
│   │
│   │
│   │
│   │
│   │
│   │
│   │
│   │
│   │
│   │
│   │
└──┘

Tell me about your favorite place.

_____

_____

_____

_____

_____

_____

_____

_____

Name : _____ Date : _____

Draw

What if you were the teacher?

Name : _____ Date : _____

Draw

What do you do if you lived underwater?

_____

- -

_____

_____

- -

_____

_____

- -

_____

_____

- -

_____

Name : _____   Date : _____

Draw

Would you rather explore a desert or an ocean?

_____

_____

_____

_____

_____

_____

_____

_____

_____

_____

Name : _____   Date : _____

┌─ Draw ─────────────────────────────────┐
│   │
│   │
│   │
│   │
│   │
│   │
│   │
│   │
│   │
│   │
│   │
│   │
│   │
└───┘

What is your favorite ice cream flavor?

Name : _____   Date : _____

┌─ Draw ──┐
│   │
│   │
│   │
│   │
│   │
│   │
│   │
│   │
│   │
│   │
└──┘

What would you do if you became a pencil?

_____

- -

_____

- -

_____

- -

_____

- -

_____

- -

_____

Name : _____   Date : _____

┌─ Draw ──────────────────────────────────────┐
│   │
│   │
│   │
│   │
│   │
│   │
│   │
│   │
│   │
│   │
│   │
└──┘

What would you do if you lived on the moon?

_____

_____

_____

_____

_____

_____

_____

_____

_____

_____

Name : _____   Date : _____

┌─ Draw ──┐
│   │
│   │
│   │
│   │
│   │
│   │
│   │
│   │
│   │
│   │
│   │
│   │
└──┘

What if your toy could speak?

_____

_____

_____

_____

_____

_____

_____

_____

_____

_____

Name : _____   Date : _____

Draw

What if you had a dragon as a pet?

Name : _____ Date : _____

┌─ Draw ───┐
│   │
│   │
│   │
│   │
│   │
│   │
│   │
│   │
│   │
│   │
│   │
│   │
│   │
│   │
│   │
│   │
│   │
│   │
│   │
└──┘

Would you rather be a human or a giant?

_____

_____

_____

_____

_____

_____

_____

_____

_____

Name : _____   Date : _____

Draw

What would you do if you had a million toys?

_____
_ _
_____
_ _
_____
_ _
_____
_ _
_____
_ _
_____

Name : _____   Date : _____

┌─ Draw ──────────────────────────────────┐
│   │
│   │
│   │
│   │
│   │
│   │
│   │
│   │
│   │
│   │
│   │
└──┘

What if flowers could talk?

_____

_____

_____

_____

_____

_____

_____

_____

_____

Name : _____   Date : _____

Draw

```
┌─────────────────────────────────────────────────┐
│                                                   │
│                                                   │
│                                                   │
│                                                   │
│                                                   │
│                                                   │
│                                                   │
│                                                   │
│                                                   │
│                                                   │
│                                                   │
│                                                   │
└─────────────────────────────────────────────────┘
```

Would you rather be a duck or a monkey?

_____

_____

_____

_____

_____

_____

_____

_____

_____

Name : _____   Date : _____

┌─ Draw ──────────────────────────────────────┐
│   │
│   │
│   │
│   │
│   │
│   │
│   │
│   │
│   │
│   │
│   │
│   │
└──┘

What if you were the principal?

_____

_____

_____

_____

_____

_____

_____

_____

_____

Name : _____   Date : _____

Draw

Would you like to drink hot water or cold water?

Name : _____   Date : _____

┌─ Draw ───┐
│   │
│   │
│   │
│   │
│   │
│   │
│   │
│   │
│   │
│   │
│   │
│   │
│   │
└──┘

Would you rather climb a tree or a hill?

_____

_____

_____

_____

_____

_____

_____

_____

_____

Name : _____   Date : _____

┌─ Draw ───┐
│   │
│   │
│   │
│   │
│   │
│   │
│   │
│   │
│   │
│   │
│   │
│   │
│   │
└───┘

What would you do if you found a magic rock?

_____

_____

_____

_____

_____

_____

_____

_____

_____

_____

Name : _____   Date : _____

┌─ Draw ─────────────────────────────────┐
│   │
│   │
│   │
│   │
│   │
│   │
│   │
│   │
│   │
│   │
│   │
│   │
│   │
└───┘

Would you rather eat ice cream or a popsicle?

_____

- -

_____

- -

_____

- -

_____

- -

_____

- -

_____

Name : _____   Date : _____

┌─ Draw ──┐
│   │
│   │
│   │
│   │
│   │
│   │
│   │
│   │
│   │
│   │
└──┘

What if you lived in the woods?

_____

- -

_____

- -

_____

- -

_____

- -

_____

- -

_____

Name : _____   Date : _____

┌─ Draw ──────────────────────────────────────┐
│   │
│   │
│   │
│   │
│   │
│   │
│   │
│   │
│   │
│   │
│   │
│   │
└──┘

Would you rather ride a bike or walk?

_____

_____

_____

_____

_____

_____

_____

_____

_____

Name : _____   Date : _____

┌─ Draw ───┐
│   │
│   │
│   │
│   │
│   │
│   │
│   │
│   │
│   │
│   │
│   │
│   │
└───┘

Teach your friends how to wash their hands.

_____

_____

_____

_____

_____

_____

_____

_____

_____

_____

Name : _____   Date : _____

┌─ Draw ──┐
│   │
│   │
│   │
│   │
│   │
│   │
│   │
│   │
│   │
│   │
│   │
│   │
└──┘

Would you like to get a robot helper or a robot toy?

Name : _____   Date : _____

┌─ Draw ───┐
│   │
│   │
│   │
│   │
│   │
│   │
│   │
│   │
│   │
│   │
│   │
└───┘

What would you do if you woke up as a bird?

Name : _____   Date : _____

┌─ Draw ─────────────────────────────────┐
│   │
│   │
│   │
│   │
│   │
│   │
│   │
│   │
│   │
│   │
│   │
│   │
└───┘

What if you were an ant?

_____

_____

_____

_____

_____

_____

_____

_____

Name : _____   Date : _____

┌─ Draw ─────────────────────────────────────┐
│   │
│   │
│   │
│   │
│   │
│   │
│   │
│   │
│   │
│   │
│   │
│   │
│   │
│   │
└───┘

What if you grew taller than your house?

_____

_____

_____

_____

_____

_____

_____

_____

_____

_____

Name : _____   Date : _____

┌─ Draw ──┐
│   │
│   │
│   │
│   │
│   │
│   │
│   │
│   │
│   │
│   │
│   │
│   │
└──┘

What if you went to outer space?

_____
_____
_____
_____
_____
_____
_____
_____
_____
_____
_____
_____
_____
_____

Name : _____   Date : _____

┌─ Draw ───┐
│   │
│   │
│   │
│   │
│   │
│   │
│   │
│   │
│   │
│   │
│   │
│   │
└──┘

What if you had a magic car?

_____

_____

_____

_____

_____

_____

_____

_____

_____

_____

Name : _____   Date : _____

┌─ Draw ──┐
│   │
│   │
│   │
│   │
│   │
│   │
│   │
│   │
│   │
│   │
│   │
│   │
└──┘

What do you want to be when you grow up?

_____

_____

_____

_____

_____

_____

_____

_____

Name : _____   Date : _____

Draw

What if you were a snowman?

Name : _____   Date : _____

```
┌─ Draw ──────────────────────────────────────┐
│                                              │
│                                              │
│                                              │
│                                              │
│                                              │
│                                              │
│                                              │
│                                              │
│                                              │
│                                              │
│                                              │
│                                              │
│                                              │
└──────────────────────────────────────────────┘
```

Would you rather drink hot cocoa or hot tea?

_____

_____

_____

_____

_____

_____

_____

_____

Name : _____   Date : _____

┌─ Draw ─────────────────────────────────────┐
│   │
│   │
│   │
│   │
│   │
│   │
│   │
│   │
│   │
│   │
└───┘

What do you know about bunnies?

Name : _____ Date : _____

```
┌─ Draw ──────────────────────────────────┐
│                                          │
│                                          │
│                                          │
│                                          │
│                                          │
│                                          │
│                                          │
│                                          │
│                                          │
└──────────────────────────────────────────┘
```

What if you were an elephant?

_____

- -

_____

- -

_____

- -

_____

- -

_____

- -

_____

Name : _____   Date : _____

┌─ Draw ──────────────────────────────┐
│   │
│   │
│   │
│   │
│   │
│   │
│   │
│   │
│   │
│   │
│   │
└──────────────────────────────────────┘

What would you do if you turned into a cookie?

_____

_____

_____

_____

_____

_____

_____

_____

_____

_____

Name : _____   Date : _____

┌─ Draw ───┐
│   │
│   │
│   │
│   │
│   │
│   │
│   │
│   │
│   │
│   │
│   │
│   │
└───┘

What would happen if the world was filled with insects?

_____

_____

_____

_____

_____

_____

_____

_____

_____

_____

Name : _____ Date : _____

┌─ Draw ──────────────────────────────┐
│   │
│   │
│   │
│   │
│   │
│   │
│   │
│   │
│   │
└───────────────────────────────────────┘

Tell me about your best day ever.

_____
- -
_____
- -
_____
- -
_____
- -
_____
- -
_____

Name : _____   Date : _____

┌─ Draw ───┐
│   │
│   │
│   │
│   │
│   │
│   │
│   │
│   │
│   │
│   │
│   │
│   │
│   │
│   │
└───┘

Would you rather walk in the rain or in the snow?

_____

_____

_____

_____

_____

_____

_____

_____

_____

_____

_____

Name : _____   Date : _____

┌─ Draw ──┐
│   │
│   │
│   │
│   │
│   │
│   │
│   │
│   │
│   │
│   │
│   │
│   │
│   │
│   │
└──┘

What if houses could move?

_____

_____

_____

_____

_____

_____

Name : _____   Date : _____

Draw

Write about your favorite room in your house.

Name : _____   Date : _____

┌─ Draw ──┐
│   │
│   │
│   │
│   │
│   │
│   │
│   │
│   │
│   │
│   │
│   │
│   │
│   │
└──┘

What if you were a snowflake?

_____

_____

_____

_____

_____

_____

_____

_____

_____

Name : _____   Date : _____

┌─ Draw ──┐
│   │
│   │
│   │
│   │
│   │
│   │
│   │
│   │
│   │
│   │
└──┘

What do you prefer - summer or winter?

_____

_____

_____

_____

_____

_____

_____

_____

_____

Name : _____   Date : _____

┌─ Draw ──┐
│   │
│   │
│   │
│   │
│   │
│   │
│   │
│   │
│   │
│   │
│   │
│   │
│   │
│   │
└───┘

What is your favorite thing to do?

_____

_____

_____

_____

_____

_____

_____

_____

_____

_____

Name : _____   Date : _____

┌─ Draw ──────────────────────────────────────┐
│   │
│   │
│   │
│   │
│   │
│   │
│   │
│   │
│   │
│   │
│   │
└──┘

What would you do if you became invisible?

Name : _____   Date : _____

┌─ Draw ───┐
│   │
│   │
│   │
│   │
│   │
│   │
│   │
│   │
│   │
│   │
│   │
│   │
└───┘

What happens if a lion became a mouse?

_____

_____

_____

_____

_____

_____

_____

_____

_____

Name : _____   Date : _____

┌─ Draw ─────────────────────────────────────┐
│   │
│   │
│   │
│   │
│   │
│   │
│   │
│   │
│   │
│   │
│   │
│   │
└───┘

Teach your friends how to plant a seed.

_____

_____

_____

_____

_____

_____

_____

_____

Name : _____   Date : _____

┌─ Draw ───┐
│   │
│   │
│   │
│   │
│   │
│   │
│   │
│   │
│   │
│   │
│   │
│   │
│   │
└───┘

What is your favorite ocean animal?.

_____

_____

_____

_____

_____

_____

_____

_____

Name : _____ Date : _____

┌─ Draw ───┐
│   │
│   │
│   │
│   │
│   │
│   │
│   │
│   │
│   │
│   │
│   │
└──┘

What if you were a raindrop?

_____

_____

_____

_____

_____

_____

_____

_____

Name : _____   Date : _____

Draw

What if you woke up with a tail?

Name : _____   Date : _____

┌─ **Draw** ───┐
│   │
│   │
│   │
│   │
│   │
│   │
│   │
│   │
│   │
│   │
│   │
│   │
│   │
└───┘

What would you do if you see chocolate falls?

_____

_____

_____

_____

_____

_____

_____

_____

_____

Name : _____   Date : _____

┌─ **Draw** ───┐
│   │
│   │
│   │
│   │
│   │
│   │
│   │
│   │
│   │
│   │
│   │
│   │
└──┘

Write about your favorite holiday.

_____

_____

_____

_____

_____

_____

_____

_____

_____

Name : _____ Date : _____

┌─ Draw ──┐
│   │
│   │
│   │
│   │
│   │
│   │
│   │
│   │
│   │
│   │
│   │
│   │
│   │
└──┘

What if you discovered a new planet?

Name : _____   Date : _____

┌─ Draw ───┐
│   │
│   │
│   │
│   │
│   │
│   │
│   │
│   │
│   │
│   │
│   │
│   │
│   │
└──┘

Would you rather live in a boat or in a treehouse?

_____

_____

_____

_____

_____

_____

_____

_____

_____

Name : _____   Date : _____

┌─ Draw ─────────────────────────────────────┐
│   │
│   │
│   │
│   │
│   │
│   │
│   │
│   │
│   │
│   │
│   │
│   │
└───┘

What if your friend turned into an ant?

_____

_____

_____

_____

_____

_____

_____

_____

_____

Name : _____   Date : _____

┌─ Draw ──────────────────────────────────┐
│   │
│   │
│   │
│   │
│   │
│   │
│   │
│   │
│   │
│   │
│   │
│   │
│   │
│   │
└──┘

What if you were a reporter?

_____

_____

_____

_____

_____

_____

_____

_____

_____

Name : _____   Date : _____

┌─ Draw ──┐
│   │
│   │
│   │
│   │
│   │
│   │
│   │
│   │
│   │
│   │
└──┘

Would you rather live in a tree or in an ocean?

_____

_____

_____

_____

_____

_____

_____

_____

_____

_____

Name : _____   Date : _____

┌─ Draw ─────────────────────────────────────┐
│   │
│   │
│   │
│   │
│   │
│   │
│   │
│   │
│   │
│   │
│   │
└───┘

What if trees grew baseballs?

_____

_____

_____

_____

_____

_____

_____

_____

Name : _____   Date : _____

┌─ Draw ──────────────────────────────────────┐
│   │
│   │
│   │
│   │
│   │
│   │
│   │
│   │
│   │
│   │
│   │
│   │
│   │
│   │
│   │
└──┘

What would you do if it rained chocolate?

_____

_____

_____

_____

_____

_____

_____

_____

_____

_____

Name : _____   Date : _____

┌─ Draw ──────────────────────────────────┐
│   │
│   │
│   │
│   │
│   │
│   │
│   │
│   │
│   │
│   │
│   │
└──┘

What if you invented a time machine?

_____

_____

_____

_____

_____

_____

_____

_____

_____

_____

Name : _____   Date : _____

Draw

What if the tree you grew reached the sky?

_____

- -

_____

- -

_____

- -

_____

- -

_____

- -

_____

Name : _____   Date : _____

┌─ Draw ──┐
│   │
│   │
│   │
│   │
│   │
│   │
│   │
│   │
│   │
│   │
│   │
│   │
└──┘

What if you were a singer?

_____

_____

_____

_____

_____

_____

_____

_____

Name : _____   Date : _____

┌─ Draw ──┐
│   │
│   │
│   │
│   │
│   │
│   │
│   │
│   │
│   │
│   │
│   │
│   │
│   │
└──┘

If you could be any insect, which would you be?

_____

_____

_____

_____

_____

_____

_____

_____

_____

_____

Name : _____   Date : _____

┌─ Draw ──┐
│   │
│   │
│   │
│   │
│   │
│   │
│   │
│   │
│   │
│   │
└──┘

Would you rather have an elephant or a lion as a pet?

_____

_____

_____

_____

_____

_____

_____

_____

_____

_____

Name : _____   Date : _____

Draw

What if you forgot your coat on a very cold day?

_____
_____
_____
_____
_____
_____
_____
_____

Name : _____   Date : _____

┌─ Draw ───┐
│   │
│   │
│   │
│   │
│   │
│   │
│   │
│   │
│   │
│   │
│   │
└───┘

What if you were a newcomer to school?

_____

_____

_____

_____

_____

_____

_____

_____

_____

Name : _____   Date : _____

┌─ Draw ───┐
│   │
│   │
│   │
│   │
│   │
│   │
│   │
│   │
│   │
│   │
│   │
│   │
└──┘

Tell me about your school.

_____

_____

_____

_____

_____

_____

_____

Name : _____   Date : _____

┌─ Draw ─────────────────────────────────────┐
│   │
│   │
│   │
│   │
│   │
│   │
│   │
│   │
│   │
│   │
│   │
│   │
└──┘

Write a story using these three words : tree, air and pizza

_____

_____

_____

_____

_____

_____

_____

_____

_____

_____

_____

Name : _____   Date : _____

Draw

What if a tree asked you to save it?

Name : _____   Date : _____

┌─ Draw ──┐
│   │
│   │
│   │
│   │
│   │
│   │
│   │
│   │
│   │
│   │
│   │
│   │
└──┘

Would you rather surf or build a sand castle?

_____

_____

_____

_____

_____

_____

_____

_____

_____

_____

Name : _____   Date : _____

Draw

What if you became your favorite show character?

_____
_____
_____
_____
_____
_____
_____
_____
_____
_____
_____

Name : _____   Date : _____

Draw

Tell me about your strengths.

_____
_____
_____
_____
_____
_____
_____
_____
_____
_____

Name : _____   Date : _____

┌─ Draw ──┐
│   │
│   │
│   │
│   │
│   │
│   │
│   │
│   │
│   │
│   │
│   │
│   │
└───┘

Tell me about your weaknesses.

_____

_____

_____

_____

_____

_____

_____

_____

Name : _____   Date : _____

Draw

What makes you feel scared?

_____
- -
_____
_____
- -
_____
_____
- -
_____
_____
- -
_____

Name : _____   Date : _____

Draw

Write about your funniest moment.

Name : _____   Date : _____

Draw

What if you were a chef?

_____

- -

_____

_____

- -

_____

_____

- -

_____

_____

- -

_____

Name : _____   Date : _____

Draw

Teach your friends how to be healthy.

Name : _____   Date : _____

Draw

What if your bike got wings?

_____
_____
_____
_____
_____
_____
_____
_____
_____
_____

Name : _____   Date : _____

┌─ Draw ────────────────────────────────────┐
│   │
│   │
│   │
│   │
│   │
│   │
│   │
│   │
│   │
│   │
│   │
└──┘

What is your favorite day of the week?

Name : _____   Date : _____

┌─ Draw ───┐
│   │
│   │
│   │
│   │
│   │
│   │
│   │
│   │
│   │
│   │
│   │
│   │
└───┘

What if you saw a dinosaur in the yard?

_____

_____

_____

_____

_____

_____

_____

_____

_____

Name : _____   Date : _____

┌─ Draw ──────────────────────────────────────┐
│   │
│   │
│   │
│   │
│   │
│   │
│   │
│   │
│   │
│   │
│   │
│   │
└──┘

What if your friend turned into a turtle?

_____

_____

_____

_____

_____

_____

_____

_____

_____

_____

_____

Name : _____   Date : _____

┌─ Draw ──────────────────────────────────────┐
│   │
│   │
│   │
│   │
│   │
│   │
│   │
│   │
│   │
│   │
│   │
└──┘

What are you grateful for today?

Name : _____   Date : _____

Draw

What if you were a captain of a ship?

_____

- -

_____

- -

_____

- -

_____

- -

_____

- -

_____

Name : _____ Date : _____

```
┌─ Draw ──────────────────────────────────────────┐
│                                                  │
│                                                  │
│                                                  │
│                                                  │
│                                                  │
│                                                  │
│                                                  │
│                                                  │
│                                                  │
│                                                  │
│                                                  │
│                                                  │
│                                                  │
└──────────────────────────────────────────────────┘
```

What is something you are afraid of?

_____

_____

_____

_____

_____

_____

_____

_____

_____

Name : _____   Date : _____

Would you rather eat an apple or an orange?

Name : _____   Date : _____

Draw

┌───┐
│   │
│   │
│   │
│   │
│   │
│   │
│   │
│   │
│   │
│   │
└───┘

Tell me about a time you laughed really hard.

_____
_____
_____
_____
_____
_____
_____
_____
_____
_____

Name : _____   Date : _____

┌─ Draw ──────────────────────────────────┐
│   │
│   │
│   │
│   │
│   │
│   │
│   │
│   │
│   │
│   │
│   │
│   │
└──┘

What is something you learned today?

_____

_____

_____

_____

_____

_____

_____

_____

_____

_____

Name : _____   Date : _____

┌─ Draw ───┐
│   │
│   │
│   │
│   │
│   │
│   │
│   │
│   │
│   │
│   │
│   │
│   │
└───┘

What if your room was filled with cupcakes?

_____

_____

_____

_____

_____

_____

_____

_____

_____

_____

Name : _____   Date : _____

┌─ Draw ─────────────────────────────────┐
│   │
│   │
│   │
│   │
│   │
│   │
│   │
│   │
│   │
│   │
│   │
│   │
│   │
└───┘

What if there were no grocery stores in the world?

_____

_____

_____

_____

_____

_____

_____

_____

_____

_____

_____

Name : _____   Date : _____

┌─ Draw ──────────────────────────────────────┐
│   │
│   │
│   │
│   │
│   │
│   │
│   │
│   │
│   │
│   │
└──┘

What does the word kind mean to you?

_____

_____

_____

_____

_____

_____

_____

_____

_____

_____

Name : _____   Date : _____

┌─ Draw ─────────────────────────────────────┐
│   │
│   │
│   │
│   │
│   │
│   │
│   │
│   │
│   │
│   │
│   │
│   │
└───┘

Make a list of questions to ask an adult.

Name : _____   Date : _____

┌─ Draw ──────────────────────────────┐
│   │
│   │
│   │
│   │
│   │
│   │
│   │
│   │
│   │
│   │
└──────────────────────────────────────┘

What does the word courage mean to you?

_____

- - - - - - - - - - - - - - - - - - - -

_____

- - - - - - - - - - - - - - - - - - - -

_____

- - - - - - - - - - - - - - - - - - - -

_____

- - - - - - - - - - - - - - - - - - - -

_____

- - - - - - - - - - - - - - - - - - - -

_____

Name : _____ Date : _____

Draw

What if you became a flower?

_____

- -

_____

- -

_____

- -

_____

- -

_____

- -

_____

- -

_____

Name : _____   Date : _____

```
┌─ Draw ────────────────────────────────┐
│                                        │
│                                        │
│                                        │
│                                        │
│                                        │
│                                        │
│                                        │
│                                        │
│                                        │
│                                        │
│                                        │
│                                        │
│                                        │
└────────────────────────────────────────┘
```

What if you were a doctor?

_____
_____
_____
_____
_____
_____
_____
_____
_____
_____

Name : _____ Date : _____

┌─ Draw ───┐
│   │
│   │
│   │
│   │
│   │
│   │
│   │
│   │
│   │
│   │
│   │
└──┘

What if you woke up with rabbit ears?

Name : _____   Date : _____

┌─ Draw ──┐
│   │
│   │
│   │
│   │
│   │
│   │
│   │
│   │
│   │
│   │
│   │
└──┘

What if you were a firefighter?

_____

- -

_____

_____

_____

- -

_____

_____

_____

_____

Name : _____   Date : _____

┌─ Draw ──┐
│   │
│   │
│   │
│   │
│   │
│   │
│   │
│   │
│   │
│   │
│   │
│   │
└──┘

What if there were no oceans in the world?

_____

_____

_____

_____

_____

_____

Name : _____   Date : _____

Draw

Write about yourself.

Name : _____   Date : _____

┌─ Draw ──┐
│   │
│   │
│   │
│   │
│   │
│   │
│   │
│   │
│   │
│   │
│   │
│   │
│   │
│   │
└──┘

What would you pack to live in an outer space station?

_____

_____

_____

_____

_____

_____

_____

_____

_____

_____

_____

Made in the USA
Las Vegas, NV
11 June 2024